ORDONNANCE DU ROI

DU 21 FÉVRIER 1816,

Portant qu'il ne sera plus formé de Conseils de guerre spéciaux pour juger les déserteurs, et que la connoissance de ce délit est restituée aux Conseils de guerre permanens,

ACCOMPAGNÉE

De la Circulaire du Ministre secrétaire d'état au département de la guerre, du 16 mars 1816, et de modèles de Plainte et d'États,

SUIVIE

De l'extrait des Décrets, Arrêtés, etc., cités dans cette Ordonnance.

LOUIS, PAR LA GRACE DE DIEU, ROI DE FRANCE ET DE NAVARRE,

Considérant que les circonstances n'ont pas encore permis d'établir dans un nouveau code pénal militaire les bases de la législation répressive de la désertion ;

Voulant prévenir les conflits de juridiction auxquels peut donner lieu l'incertitude de la jurisprudence sur cette matière ;

Vu les lois des 13 brumaire an 5 (3 novembre 1796) 18 vendémiaire an 6 (9 octobre 1797), l'arrêté du 19 vendémiaire an 12 (12 octobre 1803), et autres actes subséquens, relatifs aux moyens de répression de la désertion ;

Sur le rapport de notre ministre secrétaire d'état au département de la guerre,

Nous avons ordonné et ordonnons ce qui suit :

ART. 1er. Il ne sera plus formé de conseils de guerre spéciaux pour juger les prévenus de désertion. La connoissance de ce délit est restituée aux conseils de guerre permanens.

2. Les conseils de guerre permanens appliqueront aux coupables, soit de désertion, soit d'évasion des ateliers des travaux publics ou du boulet, soit de délits graves dans ces ateliers, les peines spécifiées par l'arrêté du 19 vendémiaire an 12 (12 octobre 1803), par l'avis du conseil d'état du 22 ventôse de la même année (13 mars 1804), par les décrets des 8 nivose, 23 ventose et 8 fructidor an 13 (29 décembre 1804, 14 mars et 26 août 1805), 8 vendémiaire an 14 (30 septembre 1805), 16 février 1807, 23 novembre 1811, 2 février 1812, et 5 avril 1813, à l'exception de la peine de l'amende

I "

de 1,500 francs, qui sera remplacée par la condamnation aux frais de poursuite, conformément à la loi du 18 germinal an 7 (7 avril 1799).

3. L'article 1er du décret du 14 octobre 1811, qui défend de juger par contumace les prévenus de désertion, est maintenu.

4. Aussitôt le retour du prévenu de désertion à son corps, le chef de ce corps portera plainte au commandant supérieur du lieu où siégera le conseil de guerre permanent.

Ce commandant pourra user de la faculté accordée par le décret du 4 janvier 1814, de refuser l'information, et se borner à infliger une peine de discipline, si des circonstances particulières militent en faveur du prévenu ; mais il devra rendre compte, dans les vingt-quatre heures, des motifs de son refus à notre ministre secrétaire d'état de la guerre, qui approuvera ce refus, ou ordonnera de passer outre au jugement.

5. Les titres 4, 5, 6, 7, 9, 10, 11 et 12 de l'arrêté du 19 vendémiaire an 12 (12 octobre 1803), relatif à la définition de la désertion, à l'application des peines et à l'exécution des jugemens, sont maintenus dans toutes les dispositions qui ne sont pas contraires à la présente ordonnance.

6. Notre ministre secrétaire d'état de la guerre, et notre garde des sceaux, ministre secrétaire d'état de la justice, sont chargés, chacun en ce qui le concerne, de l'exécution de la présente ordonnance, qui sera insérée au Bulletin des lois.

Donné à Paris, en notre château des Tuileries, le vingt-unième jour de février de l'an de grace mil huit cent seize, et de notre règne le vingt-unième.

Signé, LOUIS.

CIRCULAIRE

Du Ministre secrétaire d'état de la guerre, à MM. les Gou-
verneurs généraux, les Lieutenans généraux et Maréchaux-
de-camp commandant les divisions militaires et les dépar-
temens, les Inspecteurs et Sous-Inspecteurs aux revues, les
Commissaires ordonnateurs et Commissaires ordinaires
des guerres, et les Chefs des Corps de toutes les armes.

Paris, le 16 mars 1816.

Messieurs, en fixant, par ma circulaire du 26 janvier dernier,
la destination à donner aux militaires qui ont abandonné leurs
corps avant le licenciement, j'ai prescrit de suspendre la mise en jugement des déserteurs de la nouvelle armée, afin d'éviter les conflits
de juridiction qui pouvoient naître de l'incertitude de la législation répressive de la désertion. Sa Majesté a dissipé tous les
doutes par l'ordonnance qu'elle a rendue le 21 février, et dont
j'ai l'honneur de vous transmettre une ampliation. Vous remar-
querez que la volonté du Roi est qu'il ne soit plus créé de
conseils de guerre spéciaux; que la connoissance du crime de
désertion soit rendue aux conseils de guerre permanens, et que,
jusqu'à ce que les circonstances aient permis d'adopter un nouveau code pénal militaire, on continue à appliquer aux coupables de
désertion les peines établies par l'arrêté du 19 vendémiaire an 12
(21 octobre 1803), et par les différens actes cités dans l'article 2
de l'ordonnance, *à l'exception de l'amende de 1500 francs.* Vous
reconnoîtrez sans doute, Messieurs, que la suppression de l'a-
mende à laquelle étoit condamné tout déserteur, est une nouvelle preuve de la bonté paternelle de Sa Majesté, et que ce
bienfait lui a été inspiré par sa confiance dans la fidélité de ses
sujets et dans leur dévouement à son service. Elle n'a pas voulu
ajouter à la rigueur des lois une peine qui s'étendroit en quelque sorte sur la famille des coupables; mais si Sa Majesté s'est
abandonnée, en cette circonstance, à l'indulgence naturelle à
son cœur, elle veut que les militaires que la lâcheté ou la sé-
duction entraîneroit à la désertion, ne puissent échapper aux
peines corporelles qu'elle a dû maintenir, comme un moyen indis-
pensable d'affermir les liens de la discipline, et de déjouer les
projets criminels des malveillans qui chercheroient à détourner
le soldat de ses devoirs.

Quoique l'ordonnance du 21 février ait établi d'une manière
positive les principes de la législation sur la désertion, cepen-

dant, afin d'en rendre l'exécution facile et de prévenir toutes les difficultés sur l'application des peines, j'ai pensé qu'il étoit convenable d'y joindre un extrait des arrêtés et décrets dont les dispositions sont maintenues. J'ai cru devoir aussi tracer à chacune des autorités appelées à concourir à l'exécution de l'ordonnance, les principaux devoirs qu'elles ont à remplir : à cet effet,

1°. MM. les lieutenans-généraux commandant les divisions militaires communiqueront l'ordonnance du 21 février, les décrets antérieurs qui y sont joints, ainsi que la présente, aux conseils de guerre permanens. Ils donneront toutes les instructions convenables pour que ces conseils de guerre procèdent au jugement des prévenus de désertion qui seront traduits devant eux, conformément à ce qui est prescrit par les lois des 13 brumaire an. 5 (3 novembre 1796), 18 vendémiaire et 15 brumaire an 6 (9 octobre et 5 novembre 1797); ils surveilleront l'exécution de ces lois, et me soumettront toutes les questions qui pourroient arrêter le cours de la justice.

2°. En exécution de l'article 4 de l'ordonnance, aussitôt qu'un prévenu de désertion arrivera à son corps, soit volontairement, soit sous escorte, le chef de ce corps le fera conduire à la prison militaire du lieu où siégera le conseil de guerre permanent, et adressera en même temps au commandant supérieur une plainte en désertion, rédigée dans la forme ci-jointe, n°. 1er.

3°. Le commandant supérieur à qui la plainte sera portée, pourra, en vertu du droit qui lui est attribué par l'article ci-dessus cité, refuser l'information contre le prévenu; mais il ne perdra jamais de vue qu'il ne doit user de ce droit qu'avec une extrême circonspection, et pour des cas qui devront être très-rares, parce que l'intérêt de l'Etat et du service du Roi exige impérieusement qu'on ne donne pas l'exemple funeste d'une impunité qui multiplieroit le nombre des coupables. Cet officier général, en me communiquant, dans les vingt-quatre heures, les motifs de son refus d'informer, joindra à son rapport toutes les pièces qui pourroient militer pour ou contre l'accusé. En attendant ma décision, le prévenu devra garder prison.

4°. Si l'autorisation d'informer est accordée, le commandant supérieur ordonnera au capitaine rapporteur d'instruire l'affaire, et l'on suivra, à cet égard, les dispositions prescrites par les lois ci-dessus citées, sur les formes de la procédure, le droit d'appel en révision, et l'exécution des jugemens.

5°. Il sera établi, par les soins du rapporteur, près chaque conseil de guerre permanent, un registre particulier destiné à l'inscription des jugemens rendus pour désertion. L'information et les autres pièces seront transcrites sur le même registre, et y seront annexées.

6°. Aussitôt qu'un jugement aura été rendu pour désertion,

pour évasion d'un atelier, ou pour délit grave commis dans cet atelier, soit que ce jugement absolve, soit qu'il condamne, le président du conseil de guerre en transmettra copie, tant au lieutenant-général commandant la division militaire, qu'au commandant du corps du militaire qui aura été jugé, ou au chef de l'atelier auquel l'individu qui aura été jugé appartenoit ; et dans le cas de condamnation à la peine des travaux publics ou du boulet, le rapporteur veillera à ce que, conformément aux articles 79 et 80 de l'arrêté du 19 vendémiaire an 12, les gendarmes chargés de la conduite des condamnés soient porteurs d'une copie du jugement.

7°. En exécution de l'article 40 de la loi du 13 brumaire an 5, le président de chaque conseil de guerre permanent m'adressera, dans les dix premiers jours de chaque mois, par une lettre particulière émargée de l'indication *Bureau des déserteurs*, une copie de chacun des jugemens rendus pour désertion pendant le mois précédent.

8°. Lorsqu'un jugement pour désertion sera parvenu au chef du corps de l'individu qui aura été jugé, il sera fait mention de l'acquit ou de la condamnation sur les contrôles, afin que, dans le premier cas, le militaire soit réadmis au service, et que, dans le second, le nom du condamné soit définitivement rayé.

Les jugemens devront être exécutés dans les lieux où ils sont rendus, si le corps auquel appartenoit un déserteur condamné ne tient pas garnison dans ce lieu, le chef du corps fera faire extrait du jugement de condamnation, et le fera lire à la première parade, et afficher ensuite dans la caserne. Ces dispositions suppléeront au défaut de moyens d'exécuter les articles 77 et 78 (titre IX) de l'arrêté du 19 vendémiaire an 12.

9°. Afin qu'aucun militaire ne puisse prétexter cause d'ignorance de la gravité des peines qu'il encourroit en désertant, tout chef de corps tiendra scrupuleusement la main à ce que, le premier dimanche de chaque mois, il soit fait lecture à sa troupe assemblée des lois et ordonnances répressives de la désertion, et il exigera que pareille lecture soit faite à chaque recrue, au moment de son arrivée et de son inscription au contrôle matricule du corps.

10°. A la réception de la présente, les inspecteurs arrêteront la comptabilité de chacun des corps sous leur inspection, relativement aux avances faites par ces corps depuis leur organisation, pour le payement des frais de procédure contre les déserteurs qui auroient été jugés par des conseils de guerre spéciaux. Ils m'adresseront, de suite, une double expédition, des états conformes au modèle annexé à la circulaire du 8 novembre 1806, ainsi que les mandats à l'appui, afin que je puisse ordonner le remboursement des sommes avancées.

A l'avenir, aucune dépense de cette nature ne pourra être passée en compte.

11°. Les titres **II** et **III** de l'instruction ministérielle du 25. novembre 1808 rélative au paiement de frais de justice devant les conseils de guerre permanens, sont applicables aux frais auxquels donneront lieu les jugemens pour désertion.

En conséquence, les commissaires ordonnateurs et des guerres, les présidens et rapporteurs des conseils de guerre, ainsi que les receveurs d'enregistrement, exécuteront, chacun en ce qui le concerne, les obligations prescrites, 1°. pour la fixation et le paiement des sommes allouées aux témoins non militaires, aux interprètes, aux experts écrivains et aux officiers de santé; 2°. pour les arrêtés de compte, la vérification des pièces et la formation des états à rendre exécutoires; enfin, pour les époques de l'envoi de ces pièces au ministère de la guerre, afin d'être admises en liquidation.

On suivra, pour la rédaction des cédules de citation et des mandats de paiement à délivrer aux parties ayant droit, les modèles ci-joints, n°s. 2 et 3.

Néanmoins, comme la comptabilité des frais de jugemens pour désertion doit être distincte de celle concernant les autres délits militaires, les commissaires ordonnateurs m'adresseront (*Bureau des déserteurs*), avec les pièces à l'appui, un bordereau particulier, en double expédition, des avances faites pendant chaque trimestre par les receveurs de l'enregistrement. Ce bordereau sera conforme au modèle ci-joint n°. 4.

12°. Afin d'éviter la confusion dans la comptabilité des frais de justice devant les conseils de guerre permanens, les présidens et rapporteurs de ces conseils auront le plus grand soin d'insérer dans les mandats de paiemens tous les renseignemens prescrits par les modèles. Cette indication servira de guide aux commissaires ordonnateurs et des guerres, et aux receveurs de l'enregistrement, sur l'espèce de bordereau où devra figurer la dépense.

Dans le cas où le conseil de guerre auroit prononcé cumulativement sur le délit de désertion en même temps que sur un autre, cet article ne sera porté au bordereau spécial à la désertion qu'autant que la peine prononcée seroit relative à ce dernier délit.

Enfin, s'il arrive que le prévenu de deux délits soit acquitté de l'un et de l'autre, la dépense sera comprise sur le bordereau spécial aux délits autres que celui de la désertion.

13. Les dépenses pour frais de logement, de chauffage et d'éclairage des conseils de guerre permanens, et celle pour les frais de bureau du rapporteur, seront liquidées comme par le passé.

Il sera formé, chaque mois, par les soins du président et du rapporteur près chaque conseil de guerre, un état particulier des indemnités dues au greffier pour le jugement des déserteurs. On y comprendra les frais de port de lettres dont on demanderoit le remboursement, ainsi que le prix des registres destinés à l'inscription des pièces et jugemens des procès, en se conformant, à cet égard, à ce qui est prescrit par les articles 2 et 3 de l'instruction du 25 novembre 1808.

Cet état, qui sera dressé d'après le modèle ci-joint n°. 5, sera vérifié et arrêté par le commissaire des guerres, et me sera transmis en double expédition (*Bureau des déserteurs*), avec les pièces justificatives, par le commissaire ordonnateur qui y aura apposé son *visa*.

Je vous invite, Messieurs, à vous bien pénétrer des dispositions contenues dans la présente, à en assurer l'entière exécution par tous les moyens qui dépendent de vous, et à m'en accuser la réception.

Extrait de l'arrêté du 19 vendémiaire an 12 (12 octobre 1803).

TITRE IV.

Des peines contre la désertion.

ART. 44. Les peines contre la désertion seront, suivant les circonstances du délit,
1°. La mort,
2°. Le boulet,
3°. Les travaux publics.

TITRE V.

De la peine de mort.

46. Les déserteurs condamnés à la mort continueront à être passés par les armes.

TITRE VI.

De la peine du boulet.

46. Les condamnés à la peine du boulet seront employés, dans les grandes places de guerre, à des travaux spéciaux.

Ils traîneront un boulet de huit, attaché à une chaîne de fer de deux mètres et demi de longueur.

Ils travailleront huit heures par jour, *depuis le 1ᵉʳ. octobre jusqu'au 1ᵉʳ. avril*, et dix heures, *pendant le reste de l'année.* Leurs ateliers seront toujours isolés de tous autres ateliers.

Ils porteront un vêtement particulier dont la forme et les couleurs différeront absolument de la forme et des couleurs affectées à l'armée : ils n'auront que des sabots pour chaussure.

Ils ne pourront ni couper ni raser leur barbe : leurs cheveux et leurs moustaches seront rasés tous les huit jours.

Hors le temps des travaux, ils seront détenus et enchaînés dans des prisons particulieres destinées à cet effet.

47. Le ministre de la guerre déterminera le nombre de places dans lesquelles il y aura des condamnés au boulet ; celui des condamnés au boulet qui seront dans chaque place ; les travaux auxquels ils seront employés ; l'étoffe, la forme et la couleur de leurs vêtemens ; leurs régime, police et discipline en santé et en maladie, dans leur prison et pendant leurs travaux. Il déterminera enfin le nombre, l'espèce et la solde de leurs surveillans, et la manière de prévenir leur évasion.

Il sera successivement désigné au moins dix places de guerre dans lesquelles des condamnés au boulet seront détenus.

48. Les journées des condamnés au boulet leur seront payées moitié moins que celles des journaliers ordinaires du pays.

Un tiers des sommes que chaque condamné au boulet, aura gagnées, lui sera remis pour être employé à améliorer sa nourriture ; un tiers lui sera remis au moment où il sera mis en liberté, le dernier tiers restera à la disposition du ministre de la guerre pour subvenir à une partie des dépenses des condamnés au boulet.

49. Il sera passé, chaque année, une revue des condamnés au boulet, par un inspecteur délégué à cet effet par le ministre de la guerre. Cet inspecteur, après avoir recueilli tous les renseignemens relatifs à la subordination, à la conduite et à l'activité dans les travaux de chacun des condamnés au boulet, désignera, dans son rapport au ministre de la guerre, ceux qui lui paroîtront avoir des titres à l'indulgence du Roi. Le ministre fera son rapport à Sa Majesté, qui prononcera.

50. Il est expressément défendu à qui que ce soit de procurer aux condamnés au boulet d'autres vêtemens que ceux qui leur seront assignés, de leur en laisser porter d'autres, de leur couper ou faciliter les moyens de couper leur barbe, d'exciter ou favoriser leur évasion de toute autre manière.

Sera réputé fauteur de désertion, et, comme tel, puni par voie de police correctionnelle, des peines portées par la loi du 24 brumaire an 6 (14 novembre 1797), tout individu convaincu de leur avoir procuré ou laissé porter d'autres vêtemens que ceux qui leur seront assignés ; de leur avoir fourni ou facilité les moyens de couper ou de raser leur barbe, ou d'avoir de toute manière excité ou favorisé leur évasion.

Tout individu qui aura arrêté un condamné au boulet qui s'évadera, recevra une gratification de cent francs.

La peine de tout condamné au boulet qui révélera un complot d'évasion formé par un ou plusieurs desdits condamnés, sera commuée en celle des travaux publics.

Tout condamné au boulet qui s'évadera, sera condamné *par le conseil de guerre permanent*, soit à une détention double de celle qu'il devoit subir, soit à traîner deux boulets pendant tout le temps de sa détention.

51. Les peines de discipline et police seront prononcées, contre les condamnés au boulet, par le commandant de la place d'après une instruction dressée, à cet effet, par le ministre de la guerre.

Pour les délits graves qu'ils pourront commettre, ils seront condamnés *par le conseil de guerre permanent*, suivant la nature et la gravité du délit, soit à la mort, soit à une plus longue détention, soit au double boulet pendant un temps déterminé.

Toutes les fois qu'un condamné au boulet aura été condamné, soit au double boulet, soit à une plus longue détention, il lui sera fait, par son jugement, défense, sous peine de deux ans de fers, de fixer sa résidence, lorsqu'il aura été mis en liberté, à moins de vingt lieues de la ville où siége le Gouvernement. Cette peine lui sera infligée par le conseil de guerre devant lequel il sera traduit.

TITRE VII.

De la peine des travaux publics.

52. Les déserteurs condamnés aux travaux publics seront employés, soit à des travaux militaires, soit à des travaux civils.

Ils ne porteront ni chaîne ni fers que lorsqu'ils y auront été momentanément condamnés par mesure de police ou discipline.

Ils travailleront le même nombre d'heures que les ouvriers du pays.

Leurs vêtemens pourront conserver quelque chose des formes militaires, mais différeront des couleurs affectées à l'armée et de celles qui le seront aux condamnés au boulet : ils porteront des souliers.

Ils ne pourront ni couper ni raser leur barbe ; ils conserveront leurs moustaches ; leurs cheveux seront rasés tous les huit jours.

Ils seront, ou logés dans des casernes particulières qui n'auront aucune communication avec celles de la garnison, ou bien campés ou baraqués proche de leurs travaux.

Dans leurs casernes, ils auront des demi-fournitures ; dans leurs tentes ou baraques, les effets ordinaires de campement.

Ils recevront le pain militaire et une ration de riz ou légumes secs.

53. Chaque atelier sera composé de soixante-douze hommes, et sera divisé en six sections.

Il y aura pour chaque atelier une garde de police et de sureté, composée de sous-officiers et gendarmes pris dans les dépôts de ce corps.

La force en sera réglée par le ministre de la guerre.

Ces sous-officiers et gendarmes recevront une augmentation de traitement d'un quart en sus.

Chaque section sera commandée par un chef de section pris parmi les condamnés.

Le chef de section aura un traitement particulier de dix centimes par jour.

Il ne sera formé un second atelier que lorque le premier sera complet. Lorsqu'il y aura plusieurs ateliers formés, on n'en formera de nouveau qu'après avoir complété les premiers.

Le ministre de la guerre et le ministre de l'intérieur se concerteront à l'effet de procurer sans cesse du travail aux ateliers ; mais on ne mettra jamais plus de quatre ateliers les uns à portée des autres.

Le ministre de la guerre déterminera la forme et la couleur des vêtemens des condamnés aux travaux, leur régime, police et discipline, tant en santé qu'en maladie, dans leurs camps ou casernes, et pendant leurs travaux, et donnera tous les ordres nécessaires pour prévenir leur évasion.

Les journées des déserteurs condamnés aux travaux seront payées un quart moins que celles des journaliers ordinaires du pays.

Le prix de ces travaux sera réparti ainsi qu'il est dit article 48.

Il sera passé, tous les six mois, une revue de chaque atelier par un inspecteur délégué à cet effet par le ministre de la guerre. Cet inspecteur désignera, dans son rapport au ministre, ceux des condamnés qui lui paroîtront dignes, par leur conduite, leur subordination, leur activité aux travaux, d'obtenir leur grâce. Le Ministre fera son rapport au Roi, qui prononcera.

54. Les §§ 1er. et 2 de l'article 50, relatifs aux fauteurs de désertion des condamnés au boulet, sont déclarés communs aux fauteurs de désertion des condamnés aux travaux publics.

Tout individu qui arrêtera un condamné aux travaux qui s'évadera, recevra une gratification de cent francs.

Tout condamné aux travaux qui révélera un complot d'évasion formé par un ou plusieurs condamnés aux travaux, recevra sa grace.

55. Les peines de discipline et police seront prononcées contre les condamnés aux travaux par le Maréchal-des-logis de gendarmerie chargé de la surveillance de l'atelier ; et ce, d'après une instruction rédigée à cet effet par le ministre de la guerre. (*Voir les articles* 51 *et* 52 *du décret du* 18 *juin* 1809.)

Pour les délits graves, ils seront traduits devant *le conseil de guerre permanent*, qui les condamnera, suivant la nature et la gravité du délit, soit à la mort, soit à la peine du boulet pendant un temps qui ne pourra excéder dix ans, soit à une prolongation de la peine des travaux publics.

Nota. Le service des ateliers de condamnés aux travaux publics a été réglé par le décret du 18 juin 1809 ; ce décret a modifié quelques-unes des dispositions ci-dessus.

TITRE IX.

Application des peines contre la désertion.

67. Sera puni de mort,

1°. Le déserteur à l'ennemi ;

2°. Tout chef de complot de désertion ;

3°. Tout déserteur étant en faction ;

4°. Tout déserteur qui aura emporté ses armes ou celles de ses camarades ; (*Voir l'avis du 22 ventôse an 12.*)

5°. Tout déserteur à l'étranger qui y aura pris du service, ou qui y sera passé une seconde fois ;

6°. Tout condamné au boulet ou aux travaux, qui se sera rendu coupable de révolte ou soulèvement contre ses surveillans, ses chefs ou la garde ; qui aura commis un crime puni par le code pénal ou par le code militaire, de la mort ou des fers.

68. Seront réputés déserteurs à l'ennemi, ceux qui ont été qualifiés comme tels par la loi du 21 brumaire an 5.

Seront réputés chefs de complot, ceux qui ont été qualifiés comme tels par la loi précitée. (*Voir les décrets des 23 ventôse an 13, 8 vendémiaire an 14, et 2 février 1812.*)

69. Seront punis de la peine du boulet,

1°. Le déserteur à l'étranger ;

2°. Le déserteur à l'intérieur qui aura emporté des vêtemens ou des effets appartenant à ses camarades ;

3°. Le déserteur à l'intérieur qui, à l'avenir, aura déserté plus d'une fois ;

4°. Le déserteur des travaux publics.

70. La durée de la peine du boulet sera toujours de dix ans, et sera augmentée de deux ans pour chacune des circonstances ci-après, savoir :

1°. Si la désertion n'a pas été individuelle ;

2°. Si le coupable étoit d'un service quelconque, ou s'il a escaladé les remparts ;

3°. S'il est déserté de l'armée ou d'une place de première ligne.

71. Sera réputé déserteur à l'étranger, tout sous-officier ou soldat qui, sans ordre ou permission par écrit de son supérieur, aura franchi les limites fixées par le commandant de la troupe dont il fait partie, et qui sera arrêté dans les deux lieues de l'extrême frontière, allant vers cette frontière, lorsque sa famille n'aura

pas son domicile dans ledit espace de deux lieues et du côté où il se dirigeoit.

72. La désertion à l'intérieur sera punie de la peine des travaux publics.

La durée de la peine des travaux publics sera toujours de trois ans ; mais elle sera augmentée de deux ans pour chacune des circonstances suivantes :

1°. Si la désertion n'a pas été individuelle ;

2°. Si le coupable étoit d'un service quelconque, ou s'il a escaladé les remparts ;

3°. S'il est déserté de l'armée ou d'une place de première ligne ;

4°. Sil a été emporté des effets fournis par l'Etat ou par le corps.

73. Pendant la guerre, sera réputé déserteur tout sous-officier ou soldat qui aura abandonné son corps sans permission, ou qui, ayant obtenu un congé, n'aura pas rejoint après l'expiration dudit congé.

Sera réputé avoir abandonné son corps, celui qui, à l'armée ou dans une place de guerre, en sera absent depuis vingt-quatre heures, et, en tout autre lieu, depuis quarante-huit heures.

Sera réputé n'avoir pas rejoint après l'expiration de son congé, celui qui aura dépassé de huit jours la durée dudit congé.

74. Pendant la paix, sera réputé déserteur, tout sous-officier ou soldat qui, ayant plus de six mois de service, aura abandonné son corps depuis trois fois vingt-quatre heures dans un camp ou une place de guerre, et depuis huit jours dans tout autre lieu, ou qui aura dépassé de quinze jours la durée de son congé.

Celui qui, ayant moins de six mois de service, abandonnera son corps dans un camp ou une place de guerre, ne sera déclaré déserteur qu'après quinze jours d'absence, et qu'après un mois dans tout autre lieu.

Celui qui aura moins de six mois de service, et qui aura obtenu un congé, ne sera déclaré déserteur qu'après un mois du jour de l'expiration de son congé.

Ne pourront prétendre à jouir des jours de repentir accordés par le présent article aux individus qui auront moins de six mois de service, ceux dont la désertion n'aura pas été individuelle, ceux qui auront déserté étant de service, et ceux qui auront emporté leur habit. Ils seront dénoncés comme déserteurs, après le temps fixé pour ceux qui ont plus de six mois de service.

TITRE X.

De l'exécution des jugemens.

76. Tout déserteur condamné à la mort sera exécuté ainsi qu'il a été prescrit par les lois antérieures.

77. Tout déserteur condamné au boulet, sera conduit à la parade le lendemain du jour où il aura été jugé.

Il y paroîtra traînant le boulet, et revêtu de l'habillement des condamnés au boulet.

Il entendra la lecture de sa sentence à genoux et les yeux bandés. Il parcourra, toujours les yeux bandés, le front entier des gardes et de son corps, qui sera en bataille.

Le corps dont il faisoit partie défilera ensuite devant lui à la tête des gardes du jour : sa compagnie marchera la première.

78. Le déserteur condamné aux travaux publics arrivera à la parade revêtu de l'habillement prescrit aux condamnés aux travaux publics. Il entendra sa sentence debout, n'aura pas les yeux bandés : il ne parcourra ni le front de la parade, ni celui de son corps : les gardes et son corps défileront devant lui.

79. Les déserteurs condamnés partiront dans les vingt-quatre heures, sous l'escorte de la gendarmerie ; ils seront conduits directement au lieu où ils devront subir leur peine.

80. Les gendarmes chargés de conduire les condamnés dans les places ou autres lieux où ils devront être mis aux travaux publics ou au boulet, seront porteurs, sous peine d'un mois de prison, d'une copie en forme du jugement de chaque condamné.

Cette copie sera enregistrée par le commissaire des guerres, et, à son défaut, par le maire du lieu, sur un registre établi à cet effet, et y demeurera annexé. Le commandant d'armes ou du lieu signera cet enregistrement.

TITRE XI.

De la cessation de la peine.

81. Il sera délivré une cartouche rouge à tout condamné au boulet qui sera mis en liberté, après avoir subi le nombre d'années de détention auquel il aura été condamné ; cette cartouche portera qu'il est libéré de la peine du boulet. La cartouche de celui qui ne devra point fixer sa résidence à moins de vingt lieues de l'endroit où siégera le Gouvernement, en fera mention.

Sa cartouche lui sera délivrée par le surveillant des condamnés, visée par le commandant d'armes et par le commissaire des guerres, approuvée par le général commandant la division.

Il sera fait mention de la délivrance de la cartouche dans le registre, à la marge de l'enregistrement du jugement.

82. Tout condamné au boulet dont la peine aura été commuée en celle des travaux publics, ne recevra point de cartouche, copie des lettres de commutation de peine qui lui auront été accordées, sera inscrite à la marge de l'enregistrement de son jugement de condamnation. Il sera conduit par la gendarmerie, à l'atélier des travaux publics désigné par le ministre de la guerre.

83. Tout condamné aux travaux publics qui aura subi sa peine ou obtenu sa grâce, sera mis en liberté : il sera, à compter de ce jour, à la disposition du Gouvernement pendant huit ans.

Il sera de suite placé dans le corps de troupes qui sera indiqué par le ministre de la guerre. Il y sera inscrit, au moment de son arrivée, comme un recrue ordinaire, et traité de même. Il ne sera fait sur les contrôles du corps aucune mention de la peine qu'il aura subie.

TITRE XII.

Dispositions générales:

84. Lecture du présent arrêté sera faite, le premier dimanche de chaque mois, à tous les corps de l'armée française ;

85. Pareille lecture sera faite, aux mêmes époques, aux condamnés aux travaux publics et aux condamnés au boulet.

————————

Extrait de l'avis du Conseil d'état du 22 ventôse an 12 (13 mars 1804).

Le conseil d'état, qui, d'après le renvoi du Gouvernement, a entendu le rapport de la section de la guerre sur celui du ministre chargé de ce département, tendant à faire décider si le déserteur qui n'a emporté qu'une partie de ses armes ou de celles de ses camarades, doit être puni de mort, en vertu de l'article 67 de l'arrêté du 19 vendémiaire an 12 ;

Vu l'article 67 de l'arrêté précité, qui s'exprime ainsi qu'il suit : *Sera puni de mort tout déserteur qui aura emporté ses armes ou celles de ses camarades ;*

Considérant, 1°. que le mot *ses* a toujours emporté l'idée de la totalité des objets dont il s'agit, et non celle d'une partie desdits objets ;

2°. Que les armes à feu constituent essentiellement l'armement des troupes françaises ; que ce sont les seules qui puissent être très-dangereuses dans les mains des déserteurs, dont la conservation importe le plus à l'État, celles que le déserteur ne peut emporter qu'avec le projet bien formel, ou de nuire aux citoyens et à l'État, ou d'opposer une forte résistance aux individus chargés d'arrêter les déserteurs ;

(15)

3°. Enfin, que si l'on peut laisser fléchir la rigueur des lois en faveur des déserteurs qui n'ont emporté que leur propre sabre ou leur baïonnette, il est impossible d'user de la même indulgence en faveur de ceux qui ont emporté même une seule des armes blanches de leurs camarades.

Est d'avis que le n°. 4 de l'article 67 de l'arrêté du 19 vendémiaire an 12 doit être rédigé ainsi qu'il suit :

« Sera puni de mort,

» Tout déserteur qui aura emmené son cheval ou celui d'un » militaire quelconque;

» Tout déserteur qui aura emporté son arme ou ses armes à » feu;

» Tout déserteur qui aura emporté, soit une arme à feu, soit » une arme blanche de l'un de ses camarades;

» L'enlèvement de la baïonnette ou celui du sabre sera con- » sidéré comme circonstance aggravante de la désertion; et en » conséquence, la durée de la peine du boulet et celle des tra- » vaux publics seront augmentées de deux ans contre le déser- » teur qui aura emporté son sabre ou sa baïonnette. »

Extrait du décret du 8 fructidor an 13 (26 août 1805).

Art. 58. Les suppléans qui ne rejoindront pas ou qui déserteront après avoir rejoint, seront dénoncés par le commandant du corps pour lequel ils étoient destinés ou dont ils faisoient partie pour être traduits devant un conseil de guerre, et condamnés par ledit conseil à cinq ans de la peine du boulet....

Extrait du décret du 23 ventose an 13 (14 mars 1805).

Vu l'article 67 de l'arrêté du 19 vendémiaire an 12, ainsi conçu :

» Sera puni de mort,

» 1°. Le déserteur à l'ennemi,

» 2°. Tout chef de complot de désertion,

» 3°. Tout déserteur étant en faction, »

L'article 68 du même arrêté, portant :

« Seront réputés déserteurs à l'ennemi, ceux qui ont été qualifiés » comme tels par la loi du 21 brumaire an 5.

» Seront réputés chefs de complot, ceux qui ont été qualifiés comme tels par la loi précitée. »

Les articles 5 et 6 du titre I.er de la loi du 21 brumaire an 5, ainsi conçus :

Art. 5. « Tout militaire ou autre individu employé à l'armée » et à sa suite, qui sera convaincu d'avoir excité ses camarades

» à passer chez l'ennemi, sera réputé chef de complot, et puni de
» mort, quand même la désertion n'auroit pas eu lieu.

6 » Lorsque des militaires auront formé le complot de pas-
» ser à l'ennemi, et que le chef de complot ne sera pas connu,
» le plus élevé en grade des militaires complices, ou, à grade
» égal, le plus ancien de service, sera réputé chef du complot et
» puni comme tel.

» Si le complot a été formé seulement par des employés à
» la suite de l'armée, le plus élevé en grade, et, à grade égal,
» le plus ancien de service sera réputé chef du complot, et puni
» comme tel. «

Considérant que la loi du 21 brumaire an 5, à laquelle renvoie
l'arrêté du 19 vendémiaire an 12, pour la définition du chef de
complot de désertion, ne contient aucune disposition qu'on puisse
appliquer textuellement aux chefs de complot de désertion à l'étranger ou à l'intérieur; qu'il est urgent de s'expliquer à ce sujet;

Le conseil d'état entendu,

Décrète :

A l'avenir, tout militaire ou autre individu employé à la suite de
l'armée, qui sera convaincu d'avoir excité ses camarades à déserter,
soit à l'ennemi, soit à l'étranger, soit dans l'intérieur, sera réputé
chef de complot, et, comme tel, puni de mort.

Extrait du décret du 8 vendémiaire an 14 (30 septembre 1805).

Art. 1er. A compter de la publication du présent décret, tout
militaire ou autre individu employé à la suite de l'armée, qui sera
convaincu d'avoir excité ses camarades à déserter, soit à l'ennemi,
soit à l'étranger, soit à l'intérieur, sera réputé chef de complot, et,
comme tel, puni de mort.

2. Lorsque des militaires auront formé le complot de déserter,
soit à l'ennemi, soit à l'étranger, soit à l'intérieur, et que le chef
de complot ne sera pas connu, le plus élevé en grade des militaires
complices, ou, à grade égal, le plus ancien de service, ou, à
égalité d'ancienneté de service, le plus âgé, sera réputé chef de
complot, et puni comme tel.

Si le complot a été formé seulement par des employés à la suite
de l'armée, le plus élevé en grade, ou, à grade égal, le plus
ancien de service, ou, à égalité d'ancienneté de service, le plus
âgé, sera réputé chef de complot, et puni comme tel.

Extrait du décret du 2 février 1812.

Vu le titre 1er. de la loi du 21 brumaire an 5, l'arrêté du gouvernement du 19 vendémiaire an 12, et les décrets des 23 ventôse an 13 et 8 vendémiaire an 14,

Nous avons décrété:

Art. 1er. Tout officier de nos armées de terre et de mer, quel que soit son grade, qui sera convaincu d'avoir formé un complot de désertion à l'ennemi, à l'étranger ou à l'intérieur, ou d'y avoir participé, sera puni de la peine capitale prononcée par les articles 5 et 6 de la loi du 21 brumaire an 5 contre le chef du complot.

L'article 7 de la même loi n'est point applicable aux officiers.

2. A l'égard des sous-officiers, soldats et employés à la suite des armées, qui auront formé un complot de désertion, ou y auront participé, les conseils de guerre prononceront la peine de mort contre le chef du complot ; ils pourront même la prononcer, selon les circonstances, contre les principaux instigateurs.

3. Les dispositions de la loi du 21 brumaire an 5 et autres relatives à cette matière, continueront d'être exécutées, en tout ce qui n'est pas rapporté ou modifié par le présent décret.

Extrait du décret du 16 février 1807.

Art. 1er. Conformément à la loi du 19 fructidor an 6, sont considérés comme déserteurs les enrôlés volontaires qui, ayant contracté l'engagement d'entrer dans l'armée, ne se seront pas rendus, dans le délai qui leur aura été prescrit, au corps pour lequel ils étoient destinés; en conséquence, ils seront jugés par le conseil de guerre, au vu de leur acte d'enrôlement ou de déclaration, certifié par le maire qui l'aura reçu, et punis des peines portées par l'arrêté du 19 vendémiaire an 12 contre la désertion.

Extrait du décret du 7 mars 1808.

Art. 3. Le chef de l'atelier de condamnés au boulet ou aux travaux publics, chargé de diriger sur un corps des condamnés qui auroient obtenu leur grâce ou qui auroient subi leur peine, formera un double état indiquant le signalement de ces hommes; il adressera l'un de ces doubles au chef du corps, et l'autre au ministre de la guerre, en y indiquant l'époque de leur départ, et celle présumée de leur arrivée au corps.

Dans le cas où le condamné qui auroit reçu sa grâce, ne feroit pas partie d'un atelier, le commissaire des guerres chargé de lui délivrer une feuille de route formera en double l'état indiqué ci-dessus, et en fera l'envoi.

4. Si l'un de ces hommes est forcé d'entrer à l'hôpital, le commissaire des guerres chargé de la police de cet hôpital en rendra compte de suite au chef du corps sur lequel l'homme étoit

dirigé ; et, dès que cet homme pourra supporter la route, le commissaire des guerres donnera avis de son départ au chef du corps et au ministre de la guerre, en indiquant la nouvelle époque pré‑sumée de l'arrivée au corps.

5. Tout chef du corps auquel un des hommes désignés aux articles 3 et 4 ne se sera point rendu dans le délai qui lui aura été fixé, le dénoncera, conformément aux instructions sur la dé‑sertion, pour qu'il soit jugé par un conseil de guerre, et joindra à la plainte les pièces indiquées par les articles 3 et 4 du présent décret.

Extrait du décret du 23 novembre 1811.

Art. 1er. Tout sous officier ou soldat qui, après avoir obtenu grâce pour crime de désertion, ne se rendra pas au corps qui lui aura été assigné, ou qui en désertera après s'y être rendu, sera puni de mort.

Extrait du décret du 5 avril 1813.

TITRE IV.

Art. 35. Le service d'activité militaire que fait la garde natio‑nale l'assimile à la troupe de ligne pour le traitement, les hon‑neurs et les récompenses, ainsi que pour la discipline.

36. Néanmoins, pour le cas de désertion, le conseil de guerre pourra ne condamner qu'à trois mois de prison, et en cas de réci‑dive, condamner à semblable peine, et à être mis, en sortant de prison, à la disposition du ministre de la guerre.

Extrait du décret du 14 octobre 1811.

Art. 1er. Il ne sera plus rendu de jugement par contumace pour le délit de désertion ; mais tout chef de corps ou de dé‑tachement devra, sous peine de dix jours d'arrêts, et de plus forte peine s'il y a lieu, signaler le déserteur dans les vingt-quatre heures de son absence *au ministre de la guerre.*

Extrait du décret du 4 janvier 1814.

Art. 5. Le commandant supérieur qui aura reçu la plainte (*en désertion*), est autorisé, lorsque les circonstances particulières militeront en faveur d'un ou plusieurs accusés, à refuser, à leur égard, l'autorisation d'informer, et se borner à leur infliger une peine de discipline.

MODÈLE Nº I.

PLAINTE.

A Monsieur (1)

Le soussigné (2) a l'honneur de vous représenter que le
nommé   fils de   et
de   domiciliés à   canton
d   arrondissement d   département d   né le   à   canton
d   arrondissement d   département
d   domicilié, avant d'entrer au service ,
à   canton d   arrondissement
d   département d   taille d'un mètre
                   millimètres, cheveux   sourcils   yeux
front   nez   bouche   menton
visage   teint   ayant pour *marques particulières* :

(*Désigner ici le grade de l'accusé , la compagnie , le bataillon ou
escadron dont il fait partie , ainsi que le numéro et l'arme du corps
auquel il appartient.*)

Entré au service le (3)
Inscrit au contrôle du corps , sous le nº
a abandonné ses drapeaux (4) le   du mois d
an   à   heures du
Pour déserter (*indiquer s'il est présumé déserteur à l'intérieur , &*

---

(1) Cette plainte doit toujours être adressée au commandant supérieur du lieu où siége le conseil de guerre permanent.

(2) L'officier qui porte plainte fera mention de sa qualité , et du corps auquel il appartient.

(3) Si l'accusé est remplaçant , il fera mettre : *comme remplaçant de* (indiquer les nom , prénoms et domicile du remplacé).

S'il est enrôlé volontaire , on mettra : *comme enrôlé volontaire devant la municipalité d   canton d   arrondissement d   département d   le   du mois d   an*

Si c'est un ancien soldat rappelé du service , on l'indiquera.

S'il avoit été amnistié , où s'il avoit subi sa peine ou obtenu sa grace , on mettra : *après amnistie , grace , ou avoir subi la peine de   pour désertion.*

(4) Si l'accusé a été déclaré deserteur pour n'avoir pas rejoint après enrôlement volontaire , au lieu de ces mots , *a abandonné , etc. etc.* , on mettra : *n'a pas paru au corps dans les délais qui lui avoient été fixés.*

Si l'accusé est déserteur pour n'avoir pas rejoint à l'expiration de son congé , au lieu de ces mots , *a abandonné , etc. etc.* , on mettra : *ayant obtenu un congé limité , pour en jouir à dater du   jusqu'au   en a dépassé la durée , et n'a pas rejoint dans le délai de faveur accordé par la loi.*

Si l'accusé est déserteur pour s'être évadé d'un hôpital , ou n'avoir pas rejoint après sa sortie de l'hôpital , dans le premier cas , au lieu de ces mots , *a aban-*

l'étranger ou à l'ennemi, et quelles sont les circonstances aggravantes de la désertion), et n'a plus reparu au corps depuis cette époque jusqu'au   du mois d   •   181 , qu'il est arrivé (*indiquer si c'est volontairement ou sous escorte*) à   , où il a été déposé à la prison d (1)

Les témoins de la désertion sont :

N.

N.

(*Indiquer les noms, prénoms, grades et compagnies des témoins, s'il en existe.*)

(*Si la plainte a rapport à plusieurs individus prévenus d'un complot de désertion, seul cas où elle peut être collective, on la continuera, en mettant :*

2°. Que le nommé, etc. *comme ci-dessus ;*

3°. . . . .)

Les pièces à l'appui de la procédure, au nombre de   sont ci-jointes.

Pourquoi il vous demande qu'il en soit informé, afin que ledit (*rappeler les nom et prénoms de l'accusé*) soit ensuite jugé conformément aux dispositions de l'ordonnance du Roi du 21 février 1816, et qu'il soit donné au soussigné un récépissé de la présente plainte.

Fait à   le   du mois d   181

(*Signature.*)

MODÈLE N° 2.

Cédule pour appeler un témoin, ou un interprète, ou un expert écrivain, ou un officier de santé.

Nous (*nom et grade du rapporteur*), rapporteur près le (*indication du conseil de guerre*), mandons à M. (*nom et qualité de la personne chargée de notifier la cédule*) de citer M. (*nom, grade et corps de la personne citée, si elle est militaire ; dans le cas contraire, son nom, sa profession, son domicile*), à comparoître à   heures (*du matin ou du soir*), le   du mois d   pardevant nous, à (*indication du lieu où le conseil tient ses séances*), pour

(*S'il s'agit d'un témoin, on mettra*) : faire sa déclaration sur les

---

donné, etc., on mettra : *s'est évadé de l'hôpital d   département d le   ; dans le second cas, on mettra : n'a pas rejoint à sa sortie de l'hôpital d   département d   le   ; et,* dans l'un ou l'autre cas, on ajoutera : *suivant la déclaration de* (faire mention de qui l'on tiendra les renseignemens, et joindre les pièces à l'appui).

· (1) Indiquer la prison, si le corps est stationné dans la ville où réside le conseil de guerre permanent : dans le cas contraire, au lieu de ces mots : *où il a été déposé à la prison,* on mettra ceux-ci : *d'où il a été dirigé sur   pour y être déposé à la prison militaire.*

faits et circonstances mentionnés dans la plainte en désertion portée contre (*nom, prénoms, grade et corps de l'accusé*).

(*S'il s'agit d'un interprète, on mettra*) : pour servir d'interprète dans l'affaire du nommé (*nom, prénoms, grade et corps de l'accusé*), prévenu de désertion.

(*S'il s'agit d'un expert-écrivain ou d'un officier de santé requis, l'un ou l'autre, pour leur ministère, on mettra*) : pour affaire relative à l'instruction de la procédure instruite contre (*nom, prénoms, grade et corps de l'accusé*), prévenu de désertion.

Ladite ordonnance, chargée de notifier la présente citation, préviendra le (*témoin, interprète, expert-écrivain ou officier de santé*) de s'y conformer, à peine d'y être contraint par les voies de droit, et lui en remettra copie.

Donné à   le   du mois de   an

(*Signature du rapporteur.*)

(*Si l'ordonnance sait écrire, elle mettra au bas de la cédule ci-dessus*) :

Cejourd'hui   du mois de   an   heure de j'ai remis à M.   parlant à sa personne, copie de la cédule ci-dessus, et lui ai recommandé de s'y conformer, à peine d'y être contraint; dont acte, et j'ai signé.

(*Si l'Ordonnance n'a pas trouvé la personne citée, elle mettra*) : J'ai laissé à la porte du logement de M.   en présence de deux témoins, copie de la cédule ci-dessus, et j'ai signé.

(*Si l'ordonnance ne sait pas écrire, elle fera un rapport verbal au rapporteur, qui en dressera acte au bas de la cédule.*)

MODÈLE Nº 3.

Mandat de paiement de la taxe d'un témoin, etc. etc.

Nota. Ce mandat doit être mis au dos de la cédule de citation.

Le receveur de l'enregistrement d   est autorisé à payer, sur la représentation de la présente, la somme de   à M. (*nom du témoin, de l'interprète, etc. etc.*), lequel a requis taxe pour indemnité, à raison de (*expliquer ici l'espèce d'indemnité accordée, et le nombre des journées de voyage ou de séjour pour le témoin, de séances de jour ou de nuit pour l'interprète, ou de vacations pour l'expert-écrivain ou l'officier de santé*), après avoir été entendu dans l'affaire du nommé   condamné pour désertion à la peine de   le (*ou acquitté du délit de désertion, le*   ).

Fait à   le   du mois de   an

(*Signature du président.*)   (*Signature du rapporteur.*)

Pour acquit   le (*date.*)

(Signature de la partie prenante.)

MODÈLE n° 4.

DIVISION MILITAIRE.

EXERCICE ,18
TRIMESTRE.

Bordereau des Sommes payées pendant le trimestre de l'année 18 par le receveur de l'Enregistrement d pour Taxe de témoins et autres appelés devant le (indiquer le tribunal), pour le jugement de déserteurs.

Numéro d'ordre.	Désignation du tribunal qui a jugé.	NOMS des déserteurs jugés.	Date du jugement.	Prononcé du jugement.	NOMS des parties prenantes.	ÉTAT ou PROFESSION.	DOMICILE.	Date de la citation.	Distance du lieu du domicile à celui où siège le conseil.	Jour de la comparution.	Date des mandats.	OBJETS DES TAXES aux						SOMMES PAYÉES d'après la taxe aux				TOTAL.	NOMBRE DE PIÈCES produites par les Receveurs en	
												TÉMOINS. Nombre de journées de		Interprètes. Nombre de séances de		Experts-écrivains et offic. de santé. Nombre de vacations aux		Témoins.	Interprètes.	Experts.	Officiers de santé.		Mandats.	États rendus exécutoires.
												Voyage.	Séjour.	Jour.	Nuit.	Experts.	Officiers de santé.							

Le présent Bordereau montant à la somme de   dressé par moi Commissaire ordonnateur de la   division militaire , d'après les mandats et exécutoires qui m'ont été représentés par les Receveurs de l'Enregistrement d   et que j'ai trouvés conformes à l'arrêté du 17 floréal an 5 (6 mai 1797) , et aux instructions de S. Exc. le Ministre de la guerre du 25 novembre 1808 , desquels mandats et exécutoires ledit Receveur est resté dépositaire , et les remettra au Payeur divisionnaire , lorsqu'il en touchera le montant. Fait à

Le Receveur de l'Enregistrement ,

Le Commissaire ordonnateur ,

Certifié le Bordereau ci-dessus montant à la somme de   conforme aux mandats délivrés par nous Président et Rapporteur (on indiquera ici les tribunaux auxquels seront attachés les signataires du présent certificat) , et aux états que nous avons rendus exécutoires.

A   le

DIVISION MILITAIRE.   **MODÈLE N° 5.**

CONSEIL DE GUERRE PERMANENT.

EXERCICE 181

MOIS d

ÉTAT des *Dépenses faites pendant le mois* d   *de l'année* 181   *pour le jugement des Déserteurs traduits devant le* (indiquer le tribunal).

N°s d'ordre des articles.	NOMS DES PARTIES en faveur desquelles l'ordonn. doit être expédiée.	QUALITÉS.	OBJET de la dépense.	SOMMES A PAYER.	NOMS ET PRÉNOMS des déserteurs jugés.	GRADES.	CORPS auxquels ils appartenoient.	Date du jugement.	Dispositif du jugement.	Observations.

Le présent Etat montant à la somme de
certifié par nous Président et Rapporteur du (indiquer le tribunal).   *A*   *le*

Vérifié et arrêté le présent Etat, d'après les pièces justificatives ci-jointes (s'il y en a), *à la somme de*   *par moi Commissaire des guerres.*
    A   *le*

Visé par moi Commissaire ordonnateur de
    A   *le*